QUEL EST LE BUT DE CE LIVRE ?

Vous tenez dans les mains un outil de déprogrammation et de reprogrammation de votre mémoire cellulaire. Cette mémoire est identique à un ordinateur géant qui garderait en mémoire tous les éléments de vos vies antérieures, de votre lignée transgénérationnelle, des traumatismes de l'enfance ainsi que de vos expériences d'adulte qui ont été digérées ou pas.

Comme sur un ordinateur, il se peut que vous vous sentiez fatigué, pollué et que vous ayez cette impression de « ramer ». L'origine de ce phénomène provient du fait que vous possédez des virus. Ces virus ce sont les mémoires négatives et souffrantes de votre être, les croyances erronées et limitantes ainsi que le cycle de souffrance qui tourne en boucle dans votre inconscient, incapable d'en trouver la sortie.

En choisissant de déprogrammer votre carte mère vous prenez la décision de faire un « reset » afin de pouvoir bâtir quelque chose de nouveau. Cela permettra un succès plus facile et effectif de votre travail concernant les schémas de pensée positifs, la loi de l'attraction et tout travail de développement personnel entamé qui pourrait stagner à cause de ces casseroles que vous trainez malgré vous.

STEPHANIE ABELLAN

LE BIEN-ÊTRE D'ANKAA

Libération des kilos émotionnels et reprogrammation de son rapport au corps

Comment fonctionne ce livre ?

Ce livre utilise plusieurs techniques de déprogrammation et reprogrammation afin de vous aider à nettoyer tous les aspects de votre être sur plusieurs niveaux : vertical et horizontal.

Nous utilisons selon le thème du livre, plusieurs axes de travail vertical : les vies antérieures et la lignée familiale.

Vos vies antérieures nécessitent d'être pacifiées et apaisées car elles sont la racine du socle de votre être. Tout ce qui a été vécu précédemment fait de vous la personne que vous êtes. Elles sont donc primordiales, nous ne cherchons donc pas à supprimer leurs existences ou à minimiser leurs impacts, seulement à supprimer de notre mémoire active les émotions et blocages reliés encore à elles.

Si par exemple vous êtes décédé par noyade dans une vie précédente vous risquez d'avoir une phobie de l'eau ou une appréhension de la baignade dans cette vie, sans que vous ne sachiez pourquoi. L'idée est simplement de supprimer l'émotion (la peur de l'eau, la peur de mourir) reliée à cette expérience.

La noyade sera toujours ancrée dans votre mémoire cellulaire mais plus l'émotion liée à celle-ci. Cette action pacifie l'expérience et la met simplement « en veilleuse » dans votre inconscient personnel.

La lignée transgénérationnelle est un autre aspect de votre être que vous ne maitrisez pas et dont il faut tenir compte.

Vous allez répéter inexorablement les mêmes schémas que les personnes de votre lignée. Nous avons souvent pour exemple des personnes qui se transmettent l'alcoolisme de père en fils, ou des schémas amoureux récurrents : une lignée de femmes battues, en couple avec des hommes violents, eux même reproduisant le vécu de leurs propres parents.

Ces mémoires sont comme des boucles quantiques qui se répètent et se perpétuent jusqu'à ce que quelqu'un décide de casser cette dynamique. Il peut être très fatigant et éreintant de faire ce travail tout seul car vous êtes vous-même englué dans la boucle qui tourne à toute vitesse. Un travail énergétique vous aidera à ôter une à une les croyances existantes dans votre mémoire cellulaire afin de vous libérer des schémas familiaux.

À savoir que la verticalité du travail est valable dans les deux sens et pour les deux pôles : vous récupérez le bon et le mauvais de votre lignée mais lorsque vous libérez une partie de vous souffrante, le nettoyage se fera automatiquement sur les personnes au-dessus de votre lignée (parents, grands-parents, arrière-grands-parents, etc…) et au-dessous de celle-ci (enfants et générations à venir).

Tout ceci s'explique par le fait qu'il n'y a pas de passé, de présent et de futur mais une seule et unique ligne temporelle : chaque action effectuée modifie le passé et le futur car tout cela ne forme qu'un.

Nettoyage horizontal

Une fois le travail vertical effectué il est intéressant de s'occuper de l'horizontal. Imaginez les couches qui recouvrent votre corps physique : couche énergétique, émotionnelle, mentale, astrale, etc…

Vous possédez des traumatismes dus à l'enfance qui font partie intégrante de vous, ils pourraient être représentés par deux piliers que vous portez en continu sur vos deux épaules. Vous avez ensuite apposé sur ces peurs et souffrances des croyances. Ces croyances sont venues renforcer le poids des piliers ; vous avez rajouté un toit sur ces piliers.

Vient ensuite l'expérience d'adulte et son lot de déceptions, de trahison et d'abandons qui rajoutent les murs de l'édifice et termine la décoration du lieu que vous portez sur le dos.

À chaque nouvelle prise de conscience vous retirez un élément de cette construction. Si vous ne faites aucun travail sur vous, vous allez inconsciemment porter cet édifice toute votre vie sans le conscientiser et finir éventuellement par vous effondrer à cause du poids de ces mémoires qui ne vivent que dans l'énergétique et l'émotionnel et ne sont donc pas palpables par votre mental et la partie consciente de votre être.

Quelles techniques allons-nous utiliser ?

Peut-être avez-vous déjà ressenti quelque chose avant même d'avoir ouvert le livre ? Peut-être dès ce matin au réveil vous êtes-vous senti diffèrent ?

Le travail sur la mémoire cellulaire et l'énergétique en général, répond à des lois très simples de l'Univers dont une très efficace : la loi de l'attraction.

Lorsque vous posez une intention claire et définie (acheter ce livre par exemple) vous enclenchez par vos pensées et actions « le phénomène d'activation de votre demande ». En l'occurrence, si vous êtes dans une démarche de libération, le travail commencera en amont sur d'autres plans de conscience.

Durant ce nettoyage je programme les textes pour agir sur plusieurs niveaux de conscience grâce à plusieurs méthodes : le pouvoir de l'intention, la puissance des mots - clefs utilisés, la visualisation positive, et la lecture méditative.

Ce condensé de techniques agira sur :

- Votre corps physique : quelles mémoires mon corps continuait de porter jusque-là ?

- L’énergétique : comment était mon taux vibratoire jusqu’ici ?

- L’émotionnel : quelles émotions étaient refoulées et enfouies au fond de moi ?

- L’inconscient : quelles parties de moi en souffrance je ne voulais et ne pouvais voir jusqu‘ici.

AVANT DE COMMENCER ...

Ne prélisez pas le texte à la va-vite, attendez d'être dans un moment de calme et de sérénité où vous pourrez être à 100% à ce que vous faites.

Buvez un grand verre d'eau avant de commencer pour favoriser la conduction du nettoyage énergétique.

Créez un univers chaleureux et douillet : un endroit confortable, enveloppé dans une couverture, sans nuisance sonore.

Coupez vos appareils électroniques et dédiez la prochaine demi-heure à votre nettoyage.

Vous pouvez faire des pauses si les émotions ou souvenirs sont trop intenses pour vous et y revenir plus tard.

Ne cherchez pas les signes ou effets immédiats de ce nettoyage : les déprogrammations et reprogrammations nécessitent un lâcher-prise des attentes pour pouvoir être efficaces. Vous apercevrez des changements au cours des prochains jours ou semaines sur des détails subtils, des envies soudaines, des modifications de pensée, ou de façons d'agir.

Vous êtes désormais prêt à commencer votre lecture, je vous

souhaite un excellent voyage au cœur de vous-même.

« Vous voilà à l'aube d'un des plus gros changements intrinsèques que vous ne vivrez jamais : aujourd'hui vous allez faire la paix avec votre corps.

Vous avez décidé que l'amour que vous vous portez serait plus fort que le monde extérieur, les réflexions désobligeantes et les attentes des autres. Vous êtes prêt à changer votre vision de vous et à panser ces blessures qui vous empêchaient de vous aimer vous-même à la folie.

Bienvenue dans ce soin énergétique de reprogrammation de son rapport au corps et de libération des kilos émotionnels.

Vous vous trouvez devant la porte d'un chalet et vous tenez la poignée de la porte.

Ce chalet en bois est magnifique. Il est entouré d'une neige immaculée et une odeur de bois mouillé vous monte au nez. Vous savez que dès lors que vous allez actionner cette poignée, vous allez entrer dans le nettoyage profond de votre inconscient. Vous prenez 3 grandes inspirations et expirations et vous entrez.

L'intérieur est très raffiné et cosy. Une cheminée crépite et vous réchauffe instantanément. Une boisson chaude est posée sur la petit table basse en rondin de bois. Une énorme couverture blanche en faux poil d'animaux est posée sur le canapé 3 places du salon. Vous avez une envie irrépressible de vous y allonger. Et tandis que vous vous enfoncez dans le moelleux du canapé enroulé dans la couverture vous sentez vos yeux se fermer.

Vous rouvrez les yeux. Autour de vous des milliers de miroirs se reflètent. Vous tournez la tête de part et d'autre et voyez tous ces corps vous appartenant se démultiplier à l'infini. Chaque reflet possède une partie du corps énorme et déformée.

Pris à la gorge par cette vision vous voulez fuir, vous cherchez la sortie. Vous trouvez un petit passage et vous éloignez à en perdre haleine, loin de cette vision. Vous pouvez encore ressentir l'émotion principale qui vous a submergé et bloqué votre chakra gorge.

Est-ce de la honte ? De posséder un corps qui n'est pas à la hauteur de vos attentes ?

Est-ce de la colère ? Contre vous-même de vous laisser aller ainsi ? Contre ce corps qui vous laisse tomber alors qu'on lui explique qu'il devrait être si différent ?

Est-ce du désespoir ? De voir que ce problème récurrent n'est jamais résolu ?

Et tandis que vous avancez cette émotion bloquée prend la forme d'une boule rose scintillante dans la gorge. Vous pouvez la voir grossir et grossir encore jusqu'à ce qu'elle devienne tellement grosse qu'il ne vous reste plus que deux solutions : l'ingérer et continuer de garder cette énergie négative, ou la recracher et décider que vous ne relierez jamais plus votre corps à elle ?

Vous apposez vos deux mains sur les genoux tandis que vous recrachez tous ces mois, ces années de non-dits, de colère, d'injustice, de comparaison, de frustration et de non-Amour de vous.

Une fois que vous avez libérer votre chakra gorge vous sentez un poids de moins, vous décidez d'aller voir dans la salle de reprogrammation où en est votre nettoyage.

En entrant vous apercevez votre hologramme en 3D dans les airs. Au mur un écran géant est en plein travail. Votre reformatation physique et psychologique concernant vos kilos émotionnels est en cours.

La barre de téléchargement indique 25%. Vous avez déjà passé une étape vous commencez à vous sentir beaucoup mieux.

Vous vous dirigez désormais vers le jardin des plantes. Tous les végétaux ici sont magnifiques, vous êtes épaté par tant de beauté. Jusqu'à ce que vous arriviez devant un petit coin de terre. Des roses sont plantées ici mais elles sont ternes et mal entretenues.

Le sol est déshydraté, la terre en friche, les fleurs séchées et fanées. Vous avez un pincement au cœur rien qu'à l'idée de penser que les roses sont pourtant les plus belles fleurs du jardin.

Les outils de jardinage autour sont rouillés et le propriétaire n'a pas dû venir depuis des jours. Vous regardez le jardin d'à côté : ce sont des marguerites. Pourtant bien moins jolies que les roses mais elles sont si bien entretenues qu'elles brillent de mille feux.

Vous retournez auprès des roses et décidez de vous en occuper. Vous enlevez la mauvaise herbe autour, arrosez et coupez les feuilles qui les empêchent de pouvoir pousser pleinement. Une fois que vous avez tout remis en ordre le jardin est clair et lumineux et l'on peut apercevoir un petit écriteau. Sur cet écriteau sont écrits votre nom et prénom.

Ce jardin est à vous.

Vous vous promettez désormais de venir régulièrement vous occuper de votre jardin intérieur.

Vous sortez du jardin des plantes et retournez à la salle des machines : vous entrouvrez la porte et visualisez votre vous 3D qui tourne toujours sur lui-même, la barre de téléchargement indique 50% vous sentez une émotion puissante irradier dans votre plexus solaire.

Vous continuez l'exploration de votre réalité du corps physique et avancez jusqu'à une petite place. Ici se trouvent quelques maisonnettes et une école. Vous regardez par une fenêtre afin de voir si quelqu'un pourrait vous aider à comprendre ce que vous faites là.

À travers le carreau vous pouvez voir cet enfant la tête baissée. On est en train de le réprimander. Il a les coudes sur la table et ne veut pas terminer son plat. Ses parents lui assènent des fausses vérités telles que :

« Tu manges trop ! »

« Tu t'es vu ? Tu finiras obèse ! »

« On ne mange pas entre les repas !»

« Finis ton plat »

C’est votre enfant intérieur qui est assis devant cette table. Toutes ces phrases sont celles entendues durant votre enfance qui vous ont profondément blessé.

Vous entrez dans la maison, remerciez vos parents d’avoir essayé de vous épargner de grossir ou de mal vous nourrir. Vous leur dites également que ce n’était pas la meilleure solution. Vous décidez de leur montrer.

Vous vous asseyez en face de votre petit vous et le prenez dans les bras. Ensuite vous vous adressez à lui :

« Je sais que tu es triste, que parfois la vie peut sembler difficile et que tu as besoin d’amour. Mais lorsque tu te sens vide et as besoin de réconfort saches que la nourriture n'est pas la meilleure solution. Tu cherches du réconfort et non pas à manger. Alors désormais à chaque fois que tu vivras ces émotions qui te submergent et que ton petit cœur d'enfant ne saura pas gérer je serai là. Moi, l'adulte qui a bravé toutes ces étapes de vie et qui a grandi je serai là. Je serai le roc sur lequel t'appuyer. Je serai la source d'amour éternelle dans laquelle te lover. Alors désormais tu peux manger en conscience et ton corps saura prendre exactement les nutriments qu'il te faut sans avoir besoin de garder des réserves, désormais tu es sauf car tu n'es plus tout seul. »

Votre enfant intérieur vous serre très fort et pleure un petit moment dans vos bras. Vous pouvez sentir que votre corps est plus léger. Lorsque vous le quittez, vous vous sentez comme en apesanteur : vous flottez presque.

Vous vous sentez bien pour la première fois de votre vie. Vous pouvez sentir tous les muscles, les articulations, les cellules de votre corps à l'unisson ne vibrer que l'amour et l'amour de Soi. Vous irradiez de bien-être.

Vous retournez en direction de la salle des machines quand vous apercevez à nouveau le palais des glaces. Vous vous sentez prêt à y retourner. Cette fois les reflets sont tout à fait normaux. Vous vous regardez sans filtre, sans déviation et vous ressortez calmement du lieu.

Vous rouvrez la porte de la salle de reprogrammation. Vous vous attendez à voir le téléchargement terminé mais pourtant il est inscrit 80%. Vous froncez les sourcils. Il reste encore une chose à assimiler mais laquelle ?

Vous vous avancez et apercevez une porte ouverte au fond de la salle. Vous vous y dirigez.

À l'intérieur, un écran occupe tout le mur et une chaise vous attend. Vous vous asseyez et le film commence.

Vous pouvez voir les personnes qui se sont occupées de vous bébé à l'écran. Elles vous donnent le bain. Votre corps était alors encore tout petit et en plein développement. Vous pouvez voir l'effort que les tissus, les muscles, les articulations, les os, la peau et les cellules font pour vous aider à grandir. Ce corps souffre en silence pour vous donner le meilleur. Il est au service de votre âme. Cette âme qui a choisi ce corps physique là pour s'incarner. La vidéo continue vous devez avoir 5 ans. Vous tombez et vous ouvrez le genou.

La plaie est minime mais votre corps affolé que quelque chose puisse vous arriver envoie ses plus vaillants soldats vous sauver : les cellules saines. Il se hâte car il s'inquiète pour vous. Il veut que vous soyez parfaitement bien et en bonne santé. L'écran continue de défiler vous vous voyez pleurer, dormir et manger. Et pourtant pendant que tout cela vous parait normal votre corps panse ses blessures aussi car quand vous pleurez, il pleure aussi. Quand vous mangez il mâche, il avale, il digère. Et quand vous dormez il vous maintient en vie. Tel un ange gardien, il veillera sur vous toute votre vie.

Vous sentez votre chakra cœur profondément touché par ce corps que vous n'aviez jamais vraiment vu. Que vous aviez plutôt refoulé, dénigré, inculpé.

Désormais vous ne faites qu'un. Pour vous, et pour lui, vous allez vous nourrir de bonnes choses, de bonnes énergies, de bonnes intentions et de beaucoup d'amour.

Vous quittez la pièce apaisée et c'est avec joie que vous voyez la barre de téléchargement complétée. Votre reprogrammation est désormais finie.

Vous fermez les yeux et lorsque vous les rouvrez, vous êtes de retour dans ce petit chalet cosy entouré de cette couverture soyeuse. Vous vous sentez bien, fatigué mais libéré. »

Vous pouvez rester dans cet état de bien-être encore quelques minutes et réfléchir aux actions et aux changements que vous allez effectuer maintenant que vous avez fait la paix avec votre corps.

Lorsque vous le sentirez, vous pourrez quitter ce lieu et y revenir à chaque fois que vous en ressentez le besoin.

Durant les prochaines 72 heures pensez à bien vous hydrater.

« Enfin, qui n'a jamais songé, le cœur gros : « Personne ne m'aime », alors que ce cœur, justement, entamait sa dix-sept-millième journée de travail de 24h- et aurait bien raison, en entendant ça, de se sentir un peu négligé ? »

Giulia Enders « Le charme discret de l'intestin »

Merci pour ce fabuleux voyage en votre compagnie.

Prenez soin de vous,

Stéphanie

Printed in Poland
by Amazon Fulfillment
Poland Sp. z o.o., Wrocław

58074986R00023